L'essentiel du e-commerce :

Devenir riche par la vente en ligne

Alassane Wade

L'essentiel du e-commerce

All rights reserved, including the right to reproduce this book or portions thereof in any form whatsoever.
For more information contact the author.

-A ma famille-

Coumbs, Dave, Khaya, Dykha, Kyra, Adji, Mouna, Tiati

A. Wade

L'essentiel du e-commerce

A propos de l'auteur

Alassane Wade, surnommé « Ranni Nambaw », est né à Diamalaye, un petit quartier situé dans la région de Dakar au Sénégal.

Diplômé en sciences économiques et financières, il est entrepreneur cofondateur d'une entreprise de e-commerce au Sénégal, suivi d'une entreprise de Web-services et Technologie. Il est par ailleurs gestionnaire de projet, gestionnaire de portefeuille de crédit, gestionnaire d'actifs financiers, consultant et expert en technologie numérique, e-commerce et marketing. Sa passion pour le développement personnel et son expérience dans le domaine du e-commerce lui ont inspiré à écrire ce livre pratique et partager les secrets de la réussite dans la vente en ligne.

Table des Matières

Dédicace	3
A propos de l'auteur	5
Introduction	8
Les prés requis	9
Essentiel 1 : Produit ou service à vendre	11
Essentiel 2 : Site web et boutique en ligne	12
Essentiel 3 : Marketing	14
Essentiel 4 : Bon déroulement d'une commande	16
Essentiel 5 : Erreurs à ne pas commettre	18
Index	22

L'essentiel du e-commerce

Introduction

"Le grand but de la formation n'est pas le savoir, mais l'action."
Herbert Spencer.

Ce livre est un livre d'action, il est écrit dans le but de permettre aux lecteurs de monter un business fructueux dans le commerce en ligne.

Il capitalise tout une expérience dans le e-commerce et vous offre le maximum d'informations pour réussir dans ce domaine.

Il s'adresse à toutes les personnes, aux commerçants avec déjà un produit ou service à vendre ou aux particuliers qui veulent se lancer dans un nouveau projet. Il est rédigé d'une façon synthétique et précise. Il est attendu des lecteurs qu'ils mettent en pratique les connaissances acquises de ce livre.

Le livre étale cinq points essentiels, qui, suivis comme indiqué vous garantiront le succès.

Avec internet qui est en plein boom et des clients potentiels issus de partout dans le monde, ne ratez pas les très belles opportunités qui s'offrent à vous.

Les prés requis

Pour réussir dans le commerce en ligne, il vous faudra être transparent, structuré et professionnel.
Si vous voulez exercer en tant que particulier il faut au minimum :

- Une adresse domicile :

Pour plus de crédibilité, vos clients ou toute autre personne doivent être rassurés et savoir ou vous trouver en cas de litige.

- Une adresse postale :

Indispensable pour affranchir et expédier vos commandes, pour recevoir vos factures, vos courriers, vos retours de marchandises.

- Un compte en banque à votre nom :

Pour envoyer et recevoir des paiements.

- Une carte bancaire :

Elle vous sera fourni au moment de l'ouverture de votre compte bancaire. Cette carte vous sera très utile pour votre activité. Elle vous permettra de payer vos factures de site web, vos frais dans les plateformes, de pouvoir insérer des méthodes de paiement dans vos boutiques, de recevoir les paiements de vos ventes et de retirer votre argent.

Pour plus de transparence, veillez à ce que votre nom et votre adresse soient les mêmes dans tous vos documents.

Si vous voulez exercer en tant que professionnel il vous faudra :

- Une adresse de votre siège, bureau ou atelier
- Un compte en Banque au nom de l'entreprise
- Une carte bancaire
- Une boite postale au nom de l'entreprise
- Un numéro de registre du commerce
- Un numéro d'impôt
- Un numéro de TVA
- Une carte import-export

Ces papiers vous seront utiles pour votre fonctionnement et vous aideront dans la phase de développement de votre activité.

Essentiel 1 : Avoir un produit ou service à vendre

Le point de départ de la vente en ligne est le produit ou service que vous êtes disposés à offrir aux clients.

Quel que soit votre secteur d'activité, il est impératif d'avoir un produit ou service utile aux clients pour réussir dans ce domaine car pour pousser une personne à introduire sa carte bancaire et acheter en ligne, il faudra que votre produit ou service lui permette de résoudre des problèmes personnels, de faire des économies, d'améliorer sa condition, de se distraire ou d'augmenter son plaisir. C'est seulement à ce moment que la personne montrera de l'intérêt à ce que vous proposez.

Alors offrez un produit ou service utile et de qualité et vous aurez des clients.

Si vous avez déjà une activité et des produits dont la production dépend entièrement de vous, vous pouvez démarrer rapidement votre activité de e-Commerce sans trop de difficulté.

Si vous n'avez pas encore de produit vous devez :

- Rechercher les produits tendances :

C'est à dire chercher des produits qui se vendent très bien ou des produits dont vous êtes surs de pouvoir vendre.

- Rechercher des fournisseurs ou fabriquant :

Négocier la production de votre stock de produits.

Essentiel 2 : Créer un site web et boutique en ligne

Maintenant que vous avez une idée de ce que vous voulez vendre, vous devez créer un site web avec une boutique en ligne pour exposer vos produits.

Il est important de choisir un nom de domaine lié à votre nom d'activité et facile à retenir (exemple : www.votreactivité.com). Votre site doit être simple d'utilisation et raffiné, il doit avoir la capacité d'insertion de centaines de produits, si possible disponible au minimum dans 2 langues et avoir différentes méthodes de paiement pour permettre aux clients de payer rapidement et en toute sécurité en ligne.

Il est important d'insérer de très belles photos de vos produits car ce sont elles qui vendent et d'ajouter les descriptions conformes à chaque article.

Pour plus de professionnalisme, il est important d'avoir un ou plusieurs emails professionnels (@votreactivité.com). Votre site web doit comporter toutes les informations liées à votre activité pour plus de transparence et rassurer votre clientèle.

Il n'est pas nécessaire d'avoir des connaissances techniques en informatiques pour gérer un site web. Cependant pour la création et l'installation de votre site, il faudra contacter les entreprises spécialisées dans la création de site web. L'un des meilleurs dans ce domaine en Afrique de l'ouest est C&N Services, obtenez plus d'informations sur leur site www.cn-webservices.com.

Une autre alternative est de trouver une plateforme de vente en ligne qui accepte vos produits ou services.

Cette alternative comporte certains avantages : vous consacrerez moins de temps dans la gestion de votre boutique et vous profiterez de la réputation qu'à déjà acquise la plateforme, des abonnés de la plateforme seront des clients potentiels et le travail marketing sera plus facile.

Elle comporte aussi des inconvénients : vous disposerez de moins d'indépendance, de plus de contrôle, les termes et conditions de la plateforme doivent être strictement respectées sous peine d'être exclu de la plateforme à tout moment.

Les plateformes de vente en ligne sont nombreuses nous vous en proposons les meilleures qui sont :

- Amazon.com
- Ebay.com
- Etsy.com
- Shopify.com
- Socolored.com

Essentiel 3 : Le marketing

Le marketing est un point indispensable qu'il ne faut surtout pas négliger. Cette étape est gage de votre succès.

Dans le domaine du e-commerce, les outils marketing les plus efficaces sont :

- Le marketing réseaux sociaux :

Avec des milliards d'utilisateurs dans le monde, les réseaux sociaux sont les moyens les plus faciles et moins couteux de trouver des clients. Faites-vous connaitre à travers les réseaux sociaux pour convaincre des clients potentiels de la qualité des produits que vous proposez.

Postez fréquemment des publications et échanger avec votre communauté pour les pousser à l'achat.

Il vous faudra avoir un plan marketing réseaux sociaux cohérent qui consiste d'abord à définir ses objectifs.

Ces objectifs peuvent être le développement de sa visibilité, l'augmentation de ses ventes ou entretenir une relation de confiance avec ses clients. Il vous faudra aussi définir le portrait de vos clients cibles, c'est à dire quelle tranche d'âge, quel sexe, quelle localisation seront issus vos clients.

Le démarchage dans les réseaux sociaux est un travail journalier, cependant pour mieux toucher ses cibles il est préférable de démarcher pendant les heures où les personnes sont le plus souvent en ligne par exemple les heures de pause et les après-midis des jours ouvrables et toute la journée du vendredi, samedi et dimanche. Il faudra aussi tenir compte des décalages horaires si vous vendez à l'international.

- Publicité payante dans Twitter, Facebook :

Vous pouvez payer pour faire passer vos publicités sur Facebook, Instagram ou Twitter, un investissement qui peut vous faire gagner du temps et de l'argent.

- Envoyer des emails, newsletter :

Si vous avait déjà une base de contacts, partager périodiquement avec eux vos nouveautés et offres de réduction. Eviter les spams ils sont inefficaces.

- Optimiser votre référencement (SEO) :

Si vous gérer un site web, l'optimisation de votre SEO vous donnera plus de visibilité sur les moteurs de recherche comme Google, Bing, Yahoo. Solliciter l'aide de webmaster si vous n'avez pas assez de connaissances techniques dans ce domaine.

Essentiel 4 : Bon déroulement d'une commande

La réussite dans le e-commerce dépend en grande partie du bon traitement des commandes. Le vendeur doit tout faire pour satisfaire ses clients et pour cela il doit tenir compte des aspects suivants :

- Un court temps de traitement des commandes :

Vous devez être sûr d'avoir l'article commandé en stock avant de le proposer pour la vente.

Quand un produit est commandé vous devez l'expédier le plus tôt possible, dans un délai maximum de 1 à 3 jours ouvrés.

- Livrer les produits en bon état et conformes à la description dans votre boutique :

Un produit en mauvais état ou non conforme crée surement un litige entre vous et le client, ce qui vous fait perdre du temps, de l'argent et surtout votre crédibilité.

- Livrer des produits soigneusement emballés :

Assurer vous de livrer vos produits dans des emballages propres et soigneux. Le client doit avoir une impression positive de sa commande avant même d'ouvrir le colis. Un petit mot de remerciement inséré dans le colis sera aussi apprécié par le client.

- Un récapitulatif de commande dans le colis :

Imprimer le bon de commande ou facture et insérer le dans le colis pour plus de professionnalisme. Les factures sont le plus souvent gardées par les clients et cela leur permettra de retrouver vos contacts quand ils auront besoin de repasser une commande par exemple.

- Être réactif aux questions des clients :

Vous devez répondre à tous les messages des clients à propos de leurs commandes. Les clients s'impatientent le plus souvent et une simple réponse précise et courtoise vous permettra de les rassurer. Il faudra toujours rester correct et professionnel avec les clients. Vous avez tout à perdre en vous comportant autrement.

Le non-respect des points ci-dessus vous mènera surement à des litiges, des remboursements, de mauvais avis, une mauvaise réputation et à terme moins de clients voire la fermeture de votre boutique.

Essentiel 5 : Les erreurs à ne pas commettre

- Manque de transparence :

Les personnes qui visitent votre site web ont besoin de savoir qui se trouve derrière. S'il s'agit d'un particulier ou d'une entreprise, toutes les informations liées aux propriétaires ou aux gérants du site doivent être visible sur le site. Vous devez avoir un siège ou local ou on pourra vous retrouver. Ça peut être votre domicile, atelier ou bureau. Vos coordonnées téléphoniques, emails et vos réseaux sociaux doivent être affichés sur le site.

- Retard d'expédition des commandes :

Elle est du généralement au manque de structure, de professionnalisme, de rupture de stock de produits, de manque trésorerie, etc.

Les retards favorisent l'impatience chez les clients et résultent à des annulations de commandes et mauvais avis.

- Le manque de provisions financières :

Il est important de bien gérer sa trésorerie surtout quand les clients optent pour des paiements à la livraison ou décalés.

- Le manque de présence sur les réseaux sociaux :

Les réseaux sociaux sont un moyen facile de trouver des clients, vous ratez d'énormes opportunités si vous n'y êtes pas actifs.

- Ne pas lire et respecter les conditions d'utilisation des plateformes :

Avant d'ouvrir sa boutique dans une plateforme il vous sera demandé de lire et d'accepter les conditions, le non-respect de ces conditions finira par des sanctions voire la fermeture de votre boutique.

- Avoir plusieurs sites ou boutiques à gérer :

Eviter de vous disperser, concentrer vous sur un site ou une boutique et offrez le meilleur service possible.

Maintenant vous êtes prêts à vous lancer !

Suivez ces 5 points essentiels.

Work hard & Good luck!

L'essentiel du e-commerce

Index

Liens et adresses utiles :

- www.creationdentreprise.sn :

Création d'entreprise, NINEA, numéro registre du commerce, carte import-export.

- www.cn-webservices.com :

Création de site web, site e-commerce, marketing, e-paiement solutions, technologie numérique.

- Plateformes de vente en ligne :

www.ebay.com, www.amazon.com, www.etsy.com, www.shopify.com, www.socolored.com

- Conseil et expertise :

Lessentielducommerce@gmail.com

- Contact de l'auteur :

wadealassane8@gmail.com

All rights reserved, including the right to reproduce this book or portions thereof in any form whatsoever.
For more information contact the author.

L'essentiel du e-commerce
Devenir riche par la vente en ligne

Ce livre est écrit dans le but de permettre aux lecteurs de monter un business fructueux dans le commerce en ligne. Il étale cinq points essentiels, qui, suivis comme indiqué vous garantiront le succès.

Alassane Wade
Diplômé en sciences économiques et financières, est entrepreneur, chef de projet, gestionnaire de portefeuille, gestionnaire d'actifs financiers, consultant et expert en technologie numérique, e-commerce et marketing.

www.ingramcontent.com/pod-product-compliance
Lightning Source LLC
Chambersburg PA
CBHW031601210526
45464CB00003B/1373